school
iskola

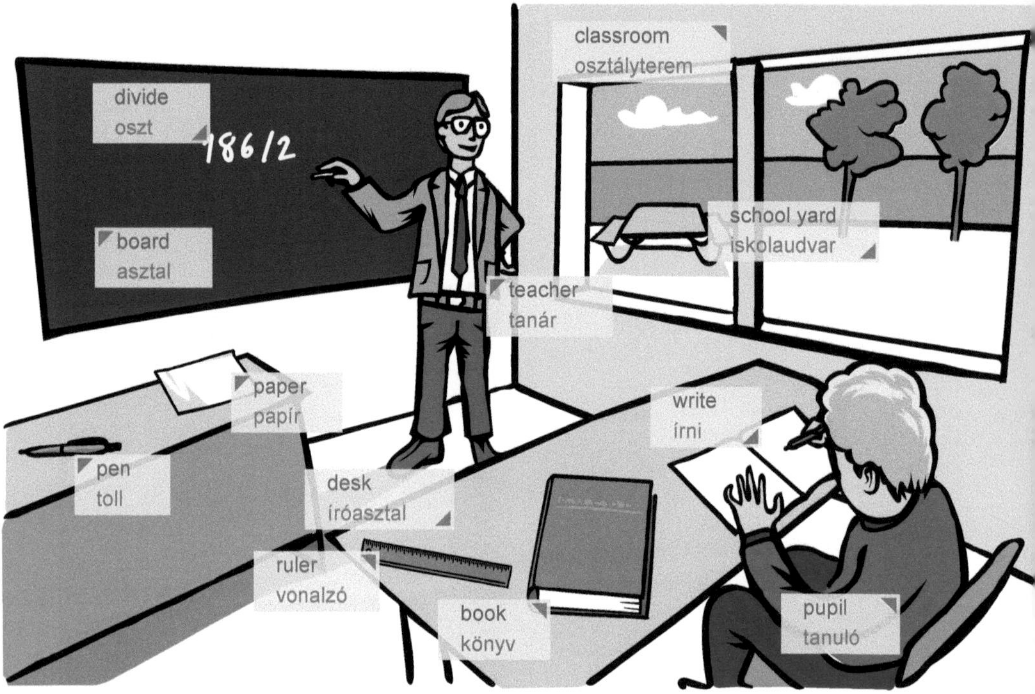

classroom
osztályterem
divide
oszt
186/2
board
asztal
school yard
iskolaudvar
teacher
tanár
paper
papír
write
írni
pen
toll
desk
íróasztal
ruler
vonalzó
book
könyv
pupil
tanuló

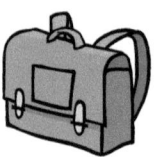

satchel

iskolatáska

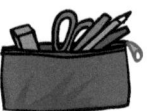

pencil case

tolltartó

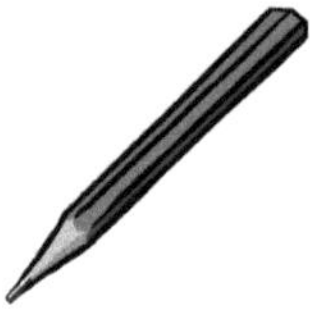

pencil

ceruza

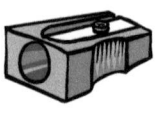

pencil sharpener

ceruzahegyező

rubber

radír

drawing pad

rajzfüzet

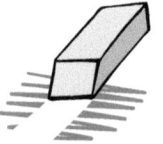

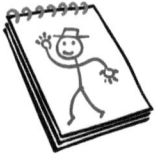

drawing

rajz

paintbrush

ecset

paint box

festőkészlet

scissors

olló

glue

ragasztó

exercise book

munkafüzet

homework

házi feladat

12

number

szám

2+2

add

összead

5-2

subtract

kivon

2×2

multiply

szoroz

calculate

számol

A

letter

betű

ABCDEFG
HIJKLMN
OPQRSTU
VWXYZ

alphabet

ABC

hello

word

szó

text

szöveg

read

olvasni

chalk

kréta

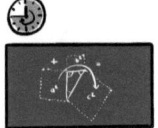

lesson

tanóra

register

napló

examination

vizsga

certificate

bizonyítvány

school uniform

iskolai egyenruha

education

oktatás

encyclopedia

enciklopédia

university

egyetem

microscope

mikroszkóp

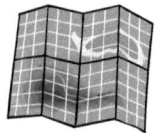

map

térkép

waste-paper basket

papír-hulladék gyűjtő

travel
utazás

hotel
hotel
Grand
hostel
szállás
ROOMS
EXCHANGE
currency exchange office
valutaváltó iroda
car
autó

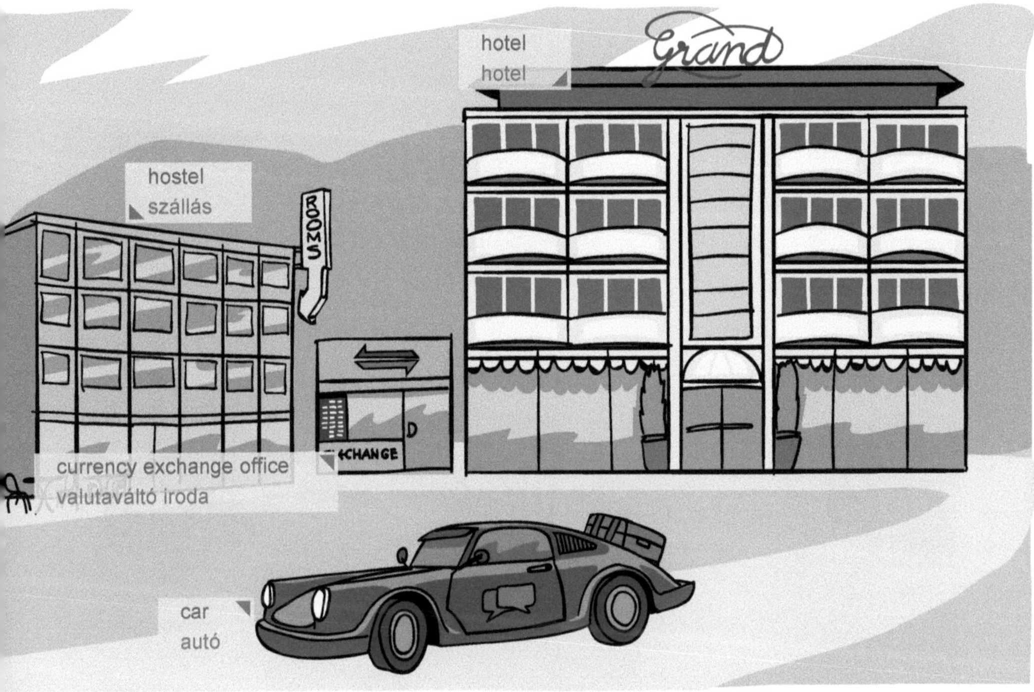

language
nyelv

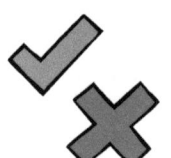

yes / no
igen/nem

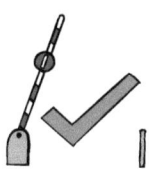

Okay
rendben

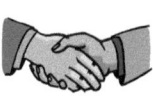

hello
szia

translator
fordító

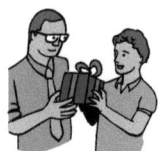

Thank you
köszönöm

how much is...?

mennyibe kerül...?

I don't get it

nem értem

problem

probléma

Good evening!

Jó estét!

Good morning!

jó reggelt!

Good night!

jó éjszakát!

goodbye

viszontlátásra

direction

útirány

luggage

poggyász

bag

táska

backpack

hátizsák

guest

vendég

room

szoba

sleeping bag

hálózsák

tent

sátor

tourist information

turista információ

beach

strand

credit card

hitelkártya

breakfast

reggeli

lunch

ebéd

dinner

vacsora

Ticket

jegy

elevator

lift

stamp

bélyeg

border

határ

customs

vám

embassy

nagykövetség

visa

vízum

passport

útlevél

transport
közlekedés

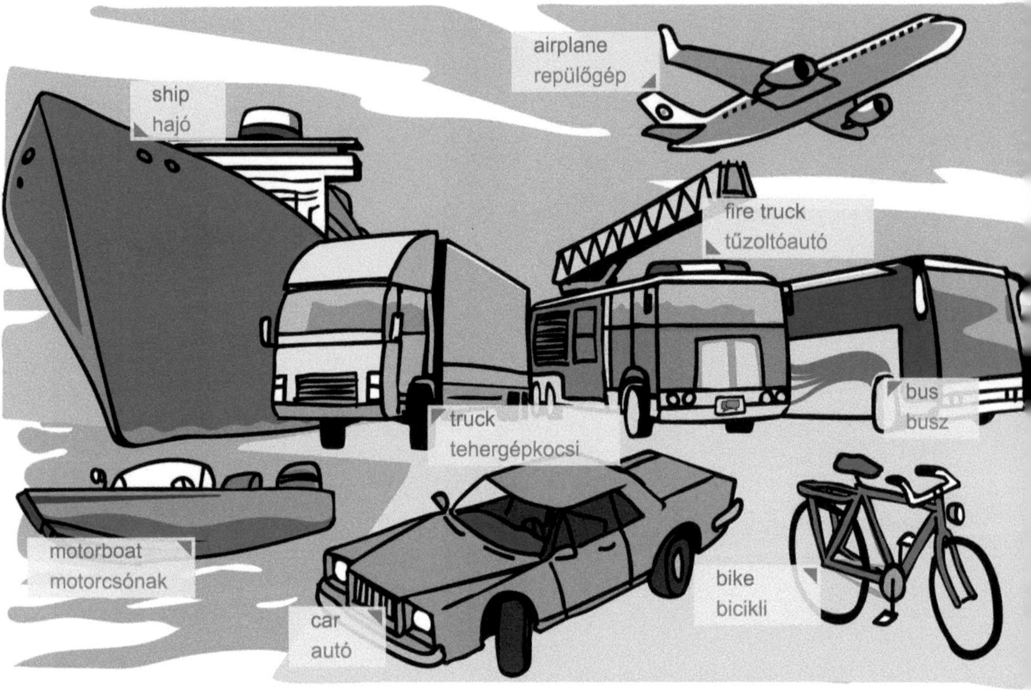

airplane
repülőgép
ship
hajó
fire truck
tűzoltóautó
bus
busz
truck
tehergépkocsi
motorboat
motorcsónak
bike
bicikli
car
autó

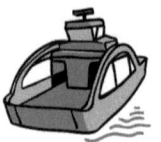

ferry
komp

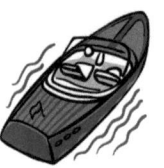

boat
csónak

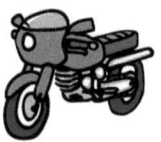

motorbike
motorkerékpár

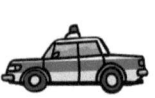

police car
rendőrautó

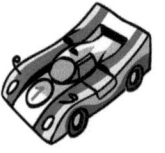

racing car
versenyautó

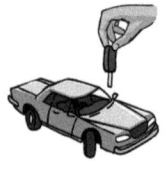

rental car
bérautó

car sharing

telekocsi

tow truck

vontató

garbage truck

szemetes autó

engine

motor

fuel

üzemanyag

fuel station

benzinkút

traffic sign

közlekedési tábla

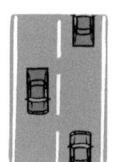

traffic

forgalom

traffic jam

forgalmi dugó

parking lot

parkoló

train station

vonatállomás

tracks

sínek

train

vonat

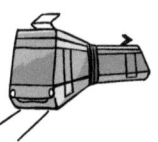

tram

villamos

wagon

vagon

helicopter

helikopter

airport

repülőtér

tower

torony

passenger

utas

container

konténer

carton

kartondoboz

cart

taliga

basket

kosár

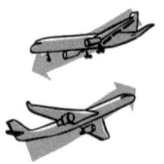

take off / land

felszáll / leszáll

city

város

village

falu

city center

városközpont

house

ház

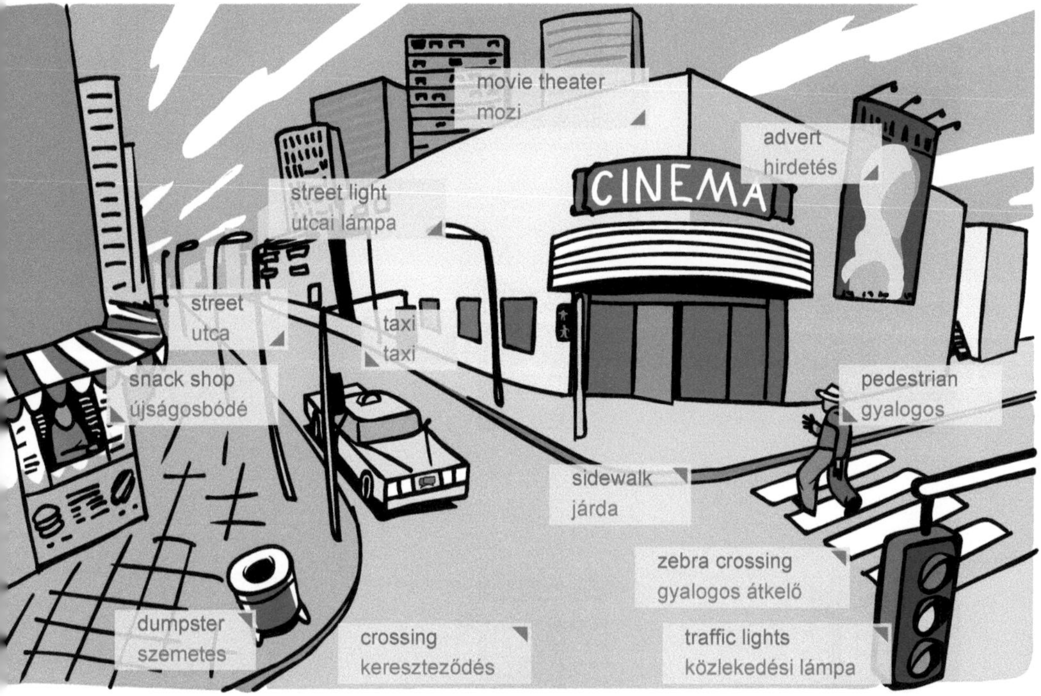

movie theater
mozi

advert
hirdetés

street light
utcai lámpa

CINEMA

street
utca

taxi
taxi

snack shop
újságosbódé

pedestrian
gyalogos

sidewalk
járda

zebra crossing
gyalogos átkelő

dumpster
szemetes

crossing
kereszteződés

traffic lights
közlekedési lámpa

hut

kunyhó

apartment

lakás

train station

vonatállomás

city hall

városháza

museum

múzeum

school

iskola

university

egyetem

bank

bank

hospital

kórház

hotel

hotel

pharmacy

gyógyszertár

office

iroda

book shop

könyvesbolt

shop

üzlet

flower shop

virágüzlet

supermarket

szupermarket

market

piac

department store

áruház

fishmonger's shop

halárus

mall

bevásárló központ

harbor

kikötő

park

park

bench

pad

bridge

híd

stairs

lépcső

subway

metró

tunnel

alagút

bus stop

buszmegálló

bar

bár

restaurant

étterem

postbox

postaláda

street sign

utcatábla

parking meter

parkoló óra

zoo

állatkert

swimming pool

uszoda

mosque

mecset

farm	pollution	cemetery
gazdálkodás	környezetszennyezés	temető

church	playground	temple
templom	játszótér	szentély

landscape
táj

signpost
útjelző tábla

path
út

meadow
rét

stone
kő

tree
fa

hiker
túrázó

river
folyó

grass
fű

flower
virág

valley

völgy

hill

domb

lake

tó

forest

erdő

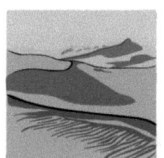

desert

sivatag

volcano

vulkán

castle

kastély

rainbow

szivárvány

mushroom

gomba

palm tree

pálmafa

mosquito

szúnyog

fly

légy

ant

hangya

bee

méhecske

spider

pók

beetle

bogár

frog

béka

squirrel

mókus

hedgehog

sündisznó

hare

nyúl

owl

bagoly

bird

madár

swan

hattyú

boar

vaddisznó

deer

szarvas

moose

rénszarvas

dam

gát

wind turbine

szélturbina

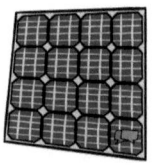

solar panel

napelem

climate

éghajlat

restaurant
étterem

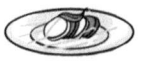

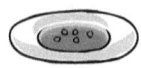

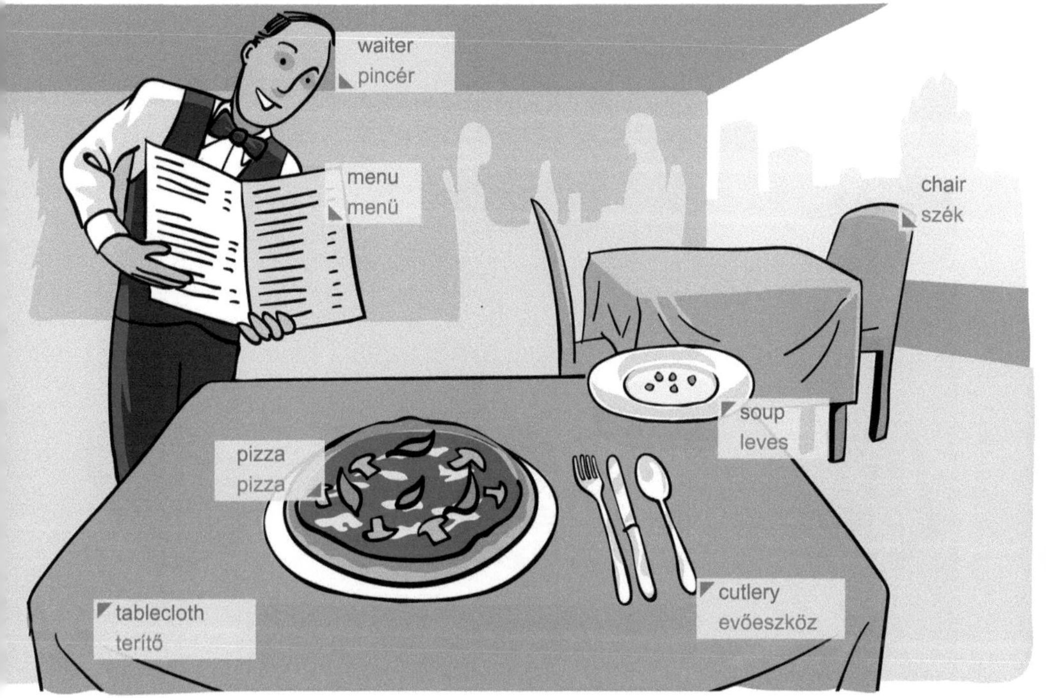

waiter
pincér
menu
menü
chair
szék
soup
leves
pizza
pizza
cutlery
evőeszköz
tablecloth
terítő

starter

előétel

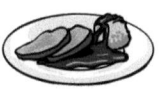

main course

főétel

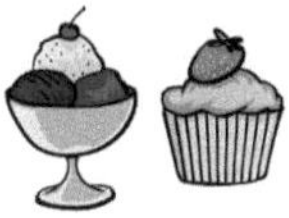

dessert

desszert

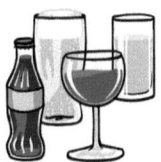

drinks

italok

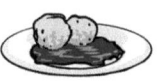

food

étel

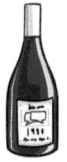

bottle

üveg

fast food

gyorsétel

street food

gyorsétel

teapot

teás kanna

sugar bowl

cukortartó

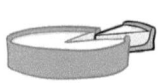

portion

adag

espresso machine

eszpresszógép

high chair

bárszék

bill

számla

tray

tálca

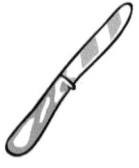

knife

kés

fork

villa

spoon

kanál

teaspoon

teáskanál

serviette

szalvéta

glass

pohár

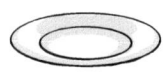

plate

tányér

soup plate

leveses tányér

saucer

csészealj

sauce

szósz

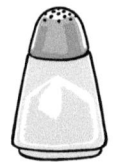

salt shaker

sószóró

pepper mill

borsőrlő

vinegar

ecet

oil

étkezési olaj

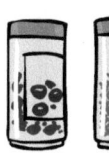

spices

fűszerek

ketchup

ketchup

mustard

mustár

mayonnaise

majonéz

supermarket
szupermarket

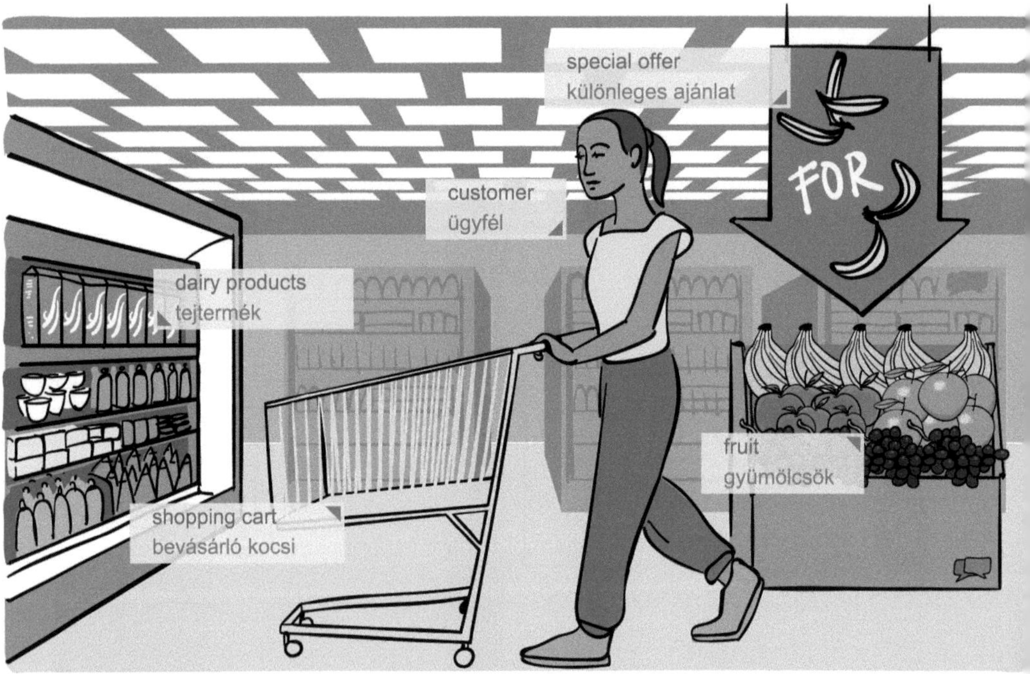

special offer
különleges ajánlat
FOR
customer
ügyfél
dairy products
tejtermék
fruit
gyümölcsök
shopping cart
bevásárló kocsi

BUTCHERS

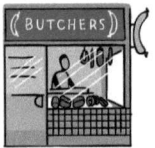

butcher's shop

hentes

BAKERY

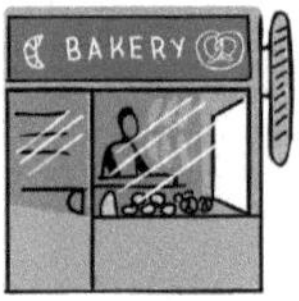

bakery

pékség

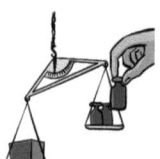

weigh

nyom valamennyit

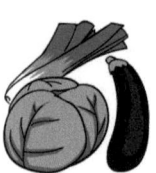

vegetables

zöldség

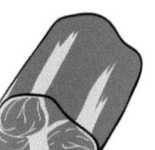

meat

hús

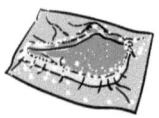

frozen food

fagyasztott áru

cold cuts

felvágott

canned food

konzerv

detergent

mosópor

candy

édességek

household products

háztartási termék

cleaning products

tisztítószerek

sales representative

eladó

cash register

pénztárgép

cashier

eladó

shopping list

bevásárló lista

opening hours

nyitva tartás

wallet

levéltárca

credit card

hitelkártya

bag

zacskó

plastic bag

műanyag zacskó

water

víz

juice

gyümölcslé

milk

tej

coke

kóla

wine

bor

beer

sör

alcohol

alkohol

cocoa

kakaó

tea

tea

coffee

kávé

espresso

eszpresszó

cappuccino

kapucsínó

banana

banán

apple

alma

orange

narancs

melon

sárgadinnye

lemon

citrom

carrot

sárgarépa

garlic

fokhagyma

bamboo

bambusz

onion

hagyma

mushroom

gomba

nuts

magvak

noodles

nokedli

spaghetti

spagetti

rice

rizs

salad

saláta

fries

sült krumpli

fried potatoes

sült burgonya

pizza

pizza

hamburger

hamburger

sandwich

szendvics

escalope

hússzelet

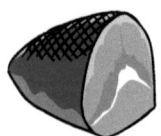

ham

sonka

salami

szalámi

sausage

kolbász

chicken

csirke

roast

pecsenye

fish

hal

porridge oats

zabkása

muesli

müzli

cornflakes

kukoricapehely

flour

liszt

croissant

croissant

bread roll

zsemle

bread

kenyér

toast

pirítós kenyér

cookies

keksz

butter

vaj

curd

túró

cake

sütemény

egg

tojás

fried egg

tükörtojás

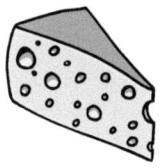

cheese

sajt

ice cream

jégkrém

sugar

cukor

honey

méz

jelly

lekvár

nougat cream

mogyorókrém

curry

curry

farm
gazdálkodás

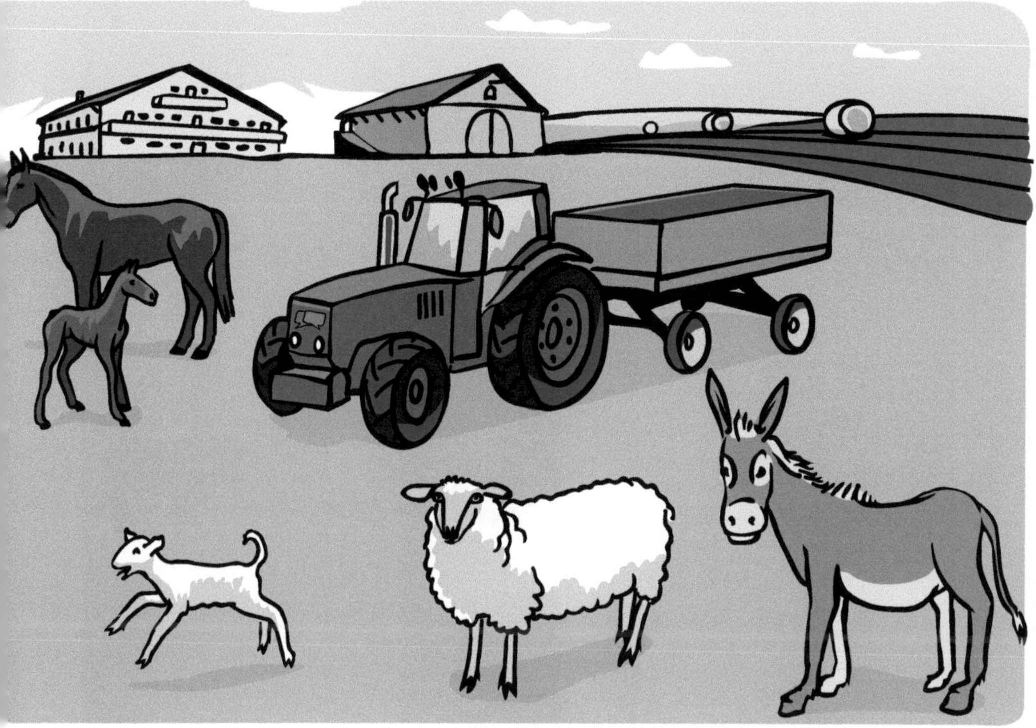

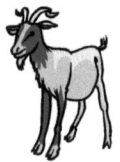

goat

kecske

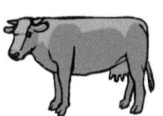

cow

tehén

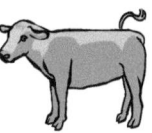

calf

borjú

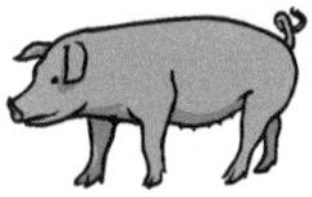

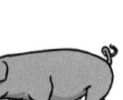

pig

malac

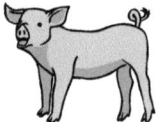

piglet

kismalac

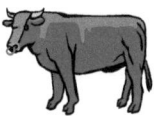

bull

bika

goose

liba

duck

kacsa

chick

csibe

hen

tojó

cockerel

kakas

rat

patkány

cat

macska

mouse

egér

ox

ökör

dog

kutya

dog house

kutyaház

garden hose

kerti öntözőcső

watering can

öntözőkanna

scythe

kasza

plow

eke

sickle

sarló

hoe

kapa

pitchfork

vasvilla

axe

fejsze

pushcart

talicska

trough

teknő

milk can

tejes kancsó

sack

zsák

fence

kerítés

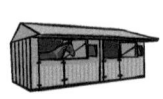

stable

istálló

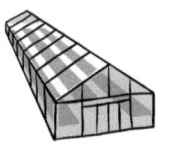

greenhouse

üvegház

soil

talaj

seed

vetőmag

fertilizer

trágya

combine harvester

cséplőgép

harvest

szüretelni

harvest

betakarítás

yams

yamgyökér

wheat

búza

soya

szója

potato

burgonya

corn

kukorica

rapeseed

repcemag

fruit tree

gyümölcsfa

manioc

manióka

grain

gabona

farm - gazdálkodás

house
ház

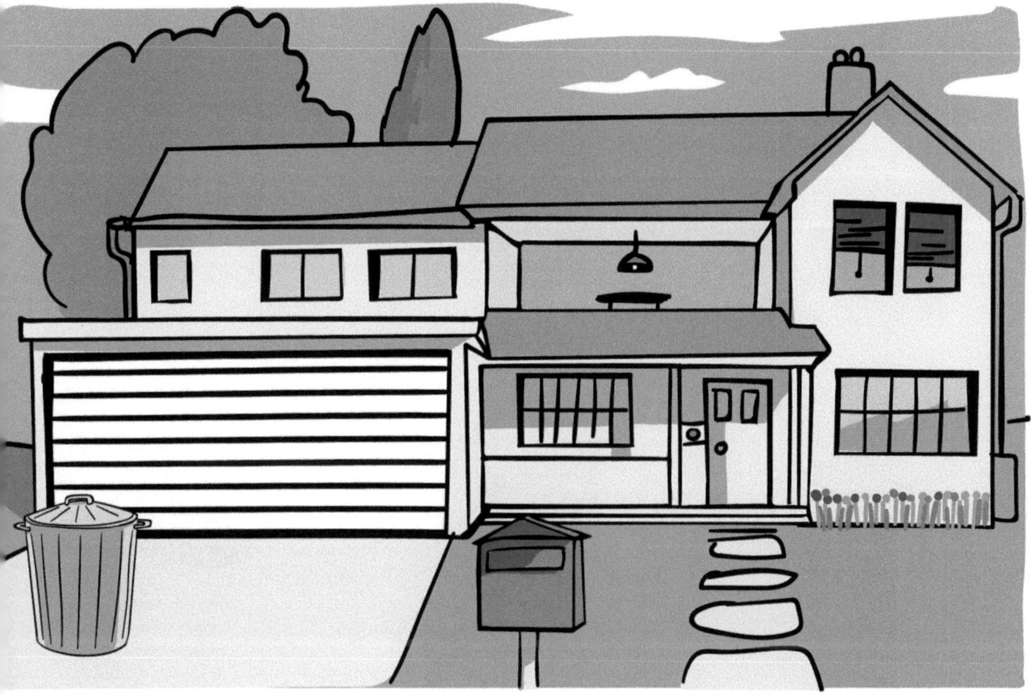

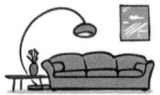

living room
nappali

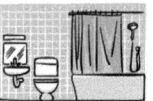

bathroom
fürdőszoba

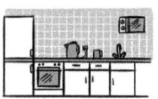

kitchen
konyha

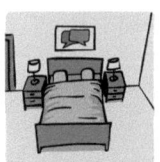

bedroom
hálószoba

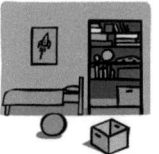

kids room
gyerekszoba

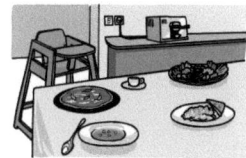

dining room
ebédlő

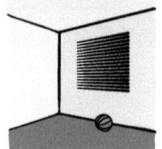

floor

padló

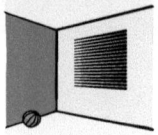

wall

fal

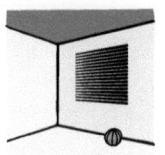

ceiling

plafon

cellar

pince

sauna

szauna

balcony

erkély

terrace

terasz

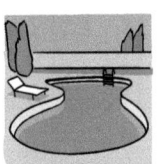

pool

medence

lawn mower

fűnyíró

sheet

lepedő

bedspread

ágytakaró

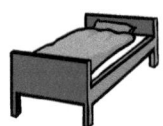

bed

ágy

broom

seprű

bucket

vödör

switch

kapcsoló

living room
nappali

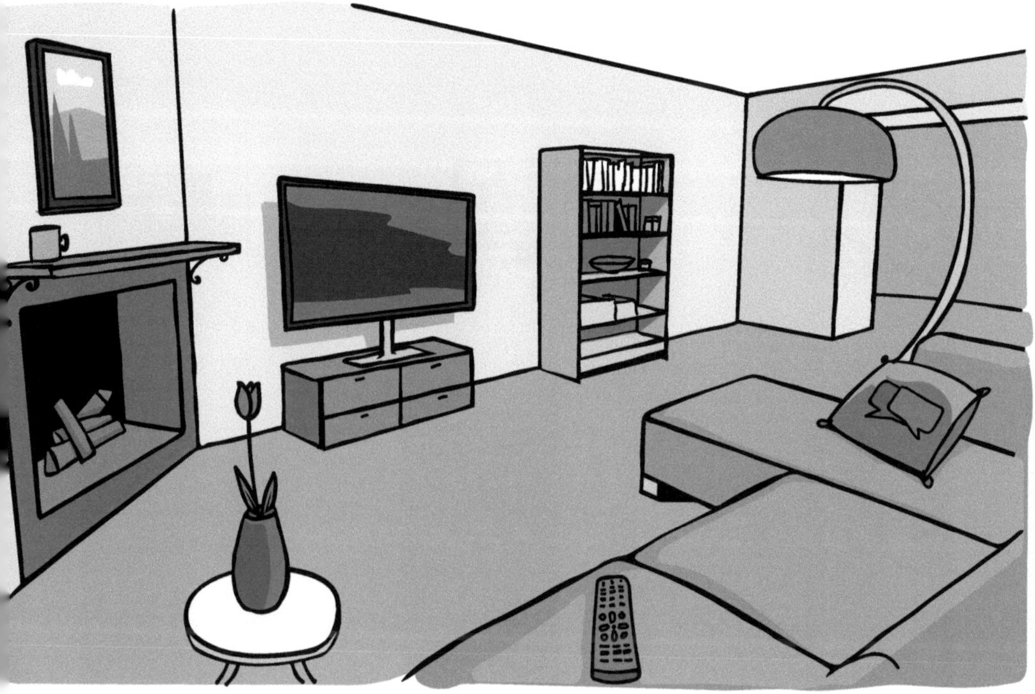

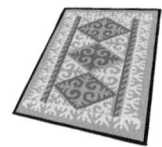

carpet

szőnyeg

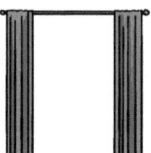

drape

függöny

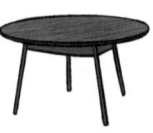

table

asztal

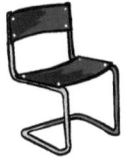

chair

szék

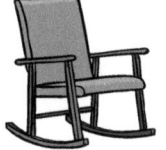

rocking chair

hintaszék

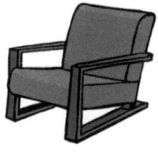

armchair

karosszék

book

könyv

blanket

takaró

decoration

dekoráció

firewood

tűzifa

film

film

stereo system

hifi

key

kulcs

newspaper

újság

painting

festmény

poster

poszter

radio

rádió

notebook

jegyzetfüzet

vacuum cleaner

porszívó

cactus

kaktusz

candle

gyertya

kitchen
konyha

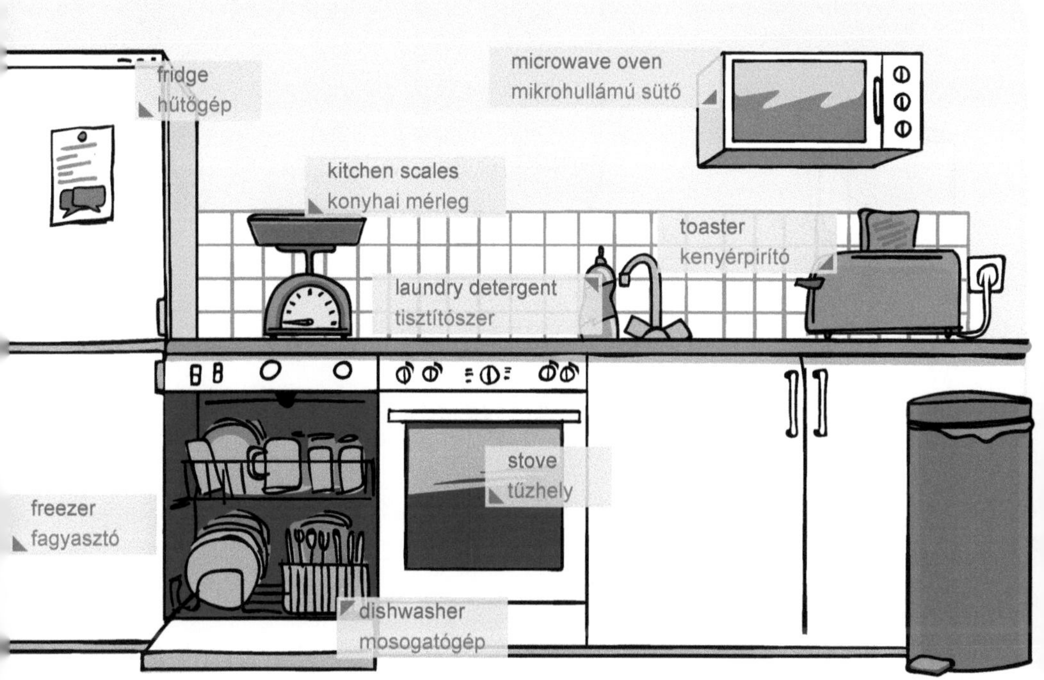

fridge
hűtőgép
microwave oven
mikrohullámú sütő
kitchen scales
konyhai mérleg
toaster
kenyérpirító
laundry detergent
tisztítószer
stove
tűzhely
freezer
fagyasztó
dishwasher
mosogatógép

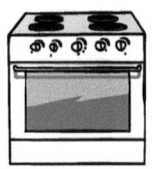

cooker
tűzhely

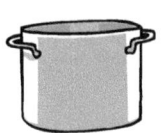

pot
edény

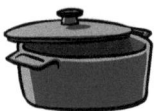

cast-iron pot
vasfazék

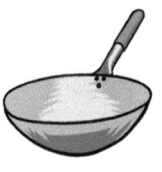

wok / kadai
wok / kadai

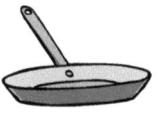

pan
serpenyő

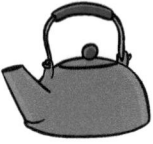

kettle
vízforraló

steamer

pároló

baking tray

tepsi

crockery

étkészlet

mug

bögre

bowl

tálka

chopsticks

evőpálcika

ladle

merőkanál

spatula

keverőlapátka

whisk

habverő

strainer

szűrő

sieve

szita

grater

reszelő

mortar

mozsár

barbecue

grillsütő

fireplace

kandalló

chopping board

vágódeszka

rolling pin

sodrófa

corkscrew

dugóhúzó

can

doboz

can opener

konzervnyitó

oven cloth

edényfogó

sink

mosogató

brush

kefe

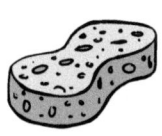

sponge

szivacs

blender

turmixgép

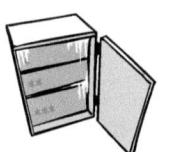

deep freezer

mélyhűtő

baby bottle

cumisüveg

tap

csap

bathroom
fürdőszoba

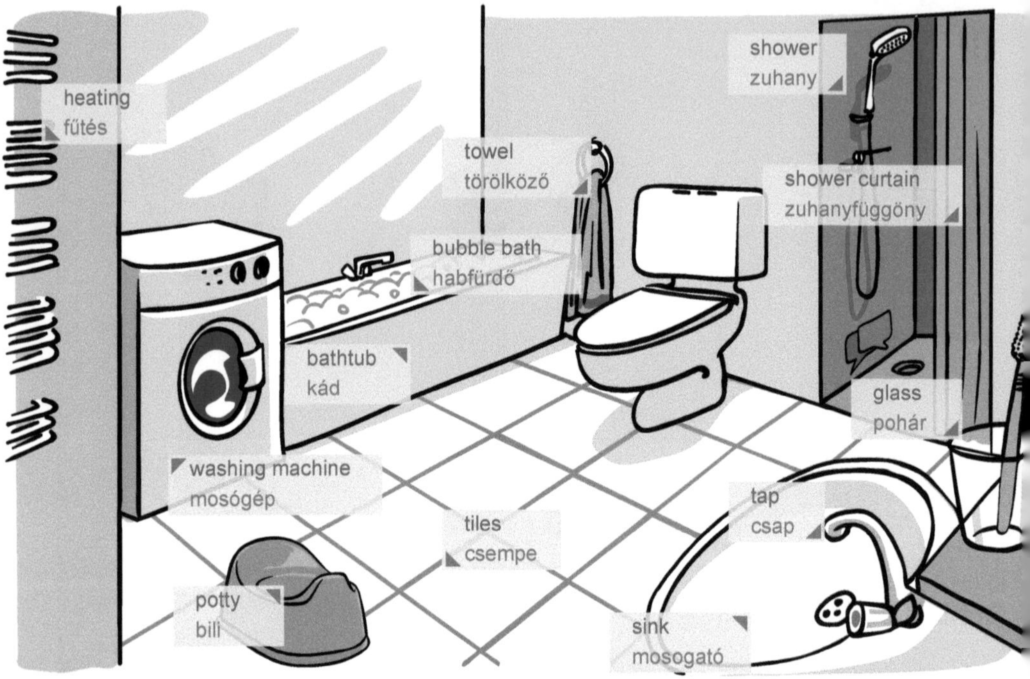

heating
fűtés
shower
zuhany
towel
törölköző
shower curtain
zuhanyfüggöny
bubble bath
habfürdő
bathtub
kád
glass
pohár
washing machine
mosógép
tap
csap
tiles
csempe
potty
bili
sink
mosogató

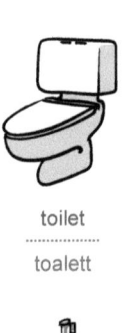

toilet

toalett

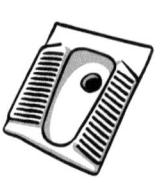

squat toilet

guggolós toalett

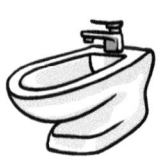

bidet

bidé

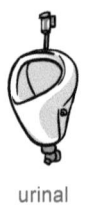

urinal

piszoár

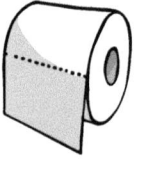

toilet paper

toalett papír

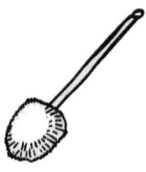

toilet brush

wc kefe

toothbrush

fogkefe

toothpaste

fogkrém

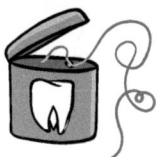

dental floss

fogselyem

wash

mosni

hand shower

kézi zuhany

douche

intimzuhany

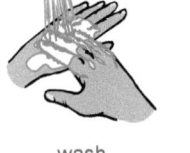

basin

mosdótál

back brush

hátmosó kefe

soap

szappan

shower gel

tusfürdő

shampoo

sampon

flannel

mosdókesztyű

drain

lefolyó

creme

krém

deodorant

dezodor

mirror

tükör

hand mirror

kézitükör

razor

borotva

shaving foam

borotvahab

aftershave

borotválkozás utáni
arcszesz

comb

fésű

brush

hajkefe

hair-dryer

hajszárító

hairspray

hajlakk

makeup

smink

lipstick

ajakrúzs

nail varnish

körömlakk

cotton wool

vatta

nail scissors

körömvágó olló

perfume

parfüm

washbag

neszesszer

stool

sámli

weighing scales

mérleg

bathrobe

köntös

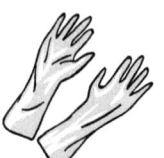

rubber gloves

gumikesztyű

tampon

tampon

sanitary towel

egészségügyi betét

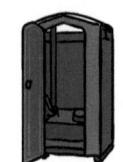

chemical toilet

vegyi WC

kids room
gyerekszoba

alarm clock
ébresztő óra
cuddly toy
plüssállat
toy car
játékautó
rattle
csörgő
doll's house
babaház
present
ajándék

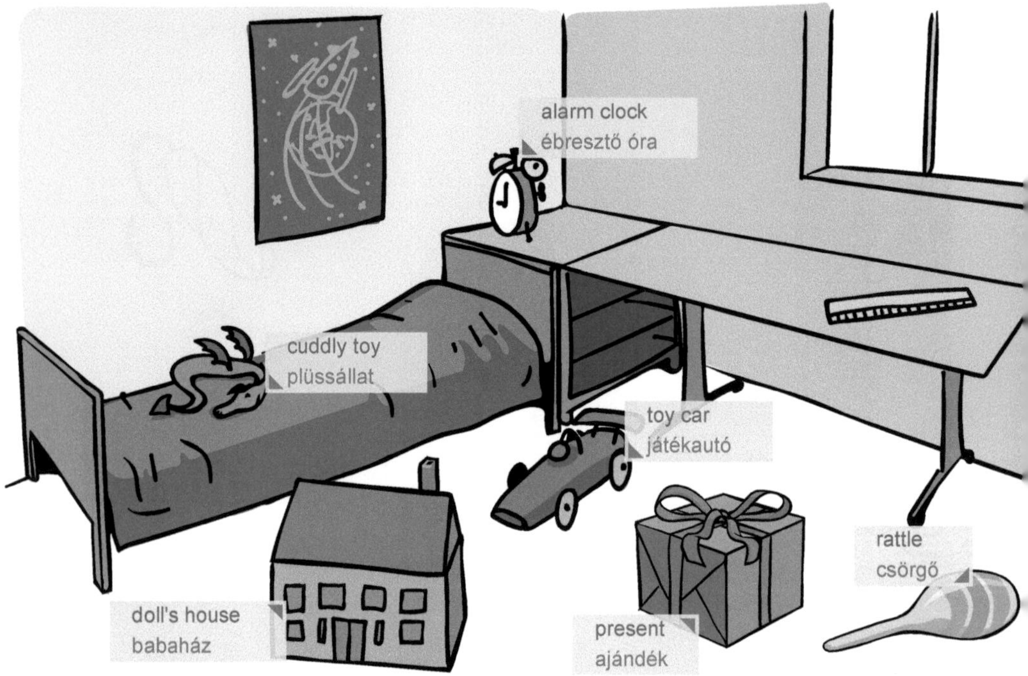

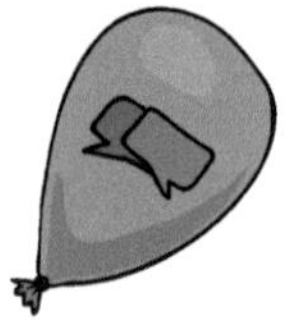

balloon

lufi

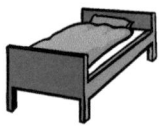

bed

ágy

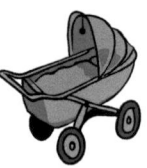

stroller

babakocsi

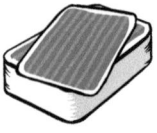

deck of cards

kártyapakli

jigsaw

kirakós játék

SUPER
MEGA

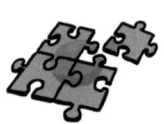

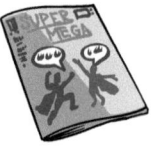

comic

képregény

lego bricks

építőkockák

toy blocks

építőelem

action figure

szuperhős

romper suit

rugdalózó

frisbee

frizbi

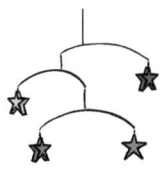

mobile

zenélő forgó

board game

társasjáték

dice

kocka

model train set

modellvasút

pacifier

cumi

party

zsúr

picture book

képeskönyv

ball

labda

doll

baba

play

játszani

sandpit

homokozó

swing

hinta

toys

játékok

video game console

videójáték konzol

tricycle

tricikli

teddy bear

teddi maci

wardrobe

ruhásszekrény

clothing

ruházat

socks

zokni

stockings

harisnya

tights

harisnyanadrág

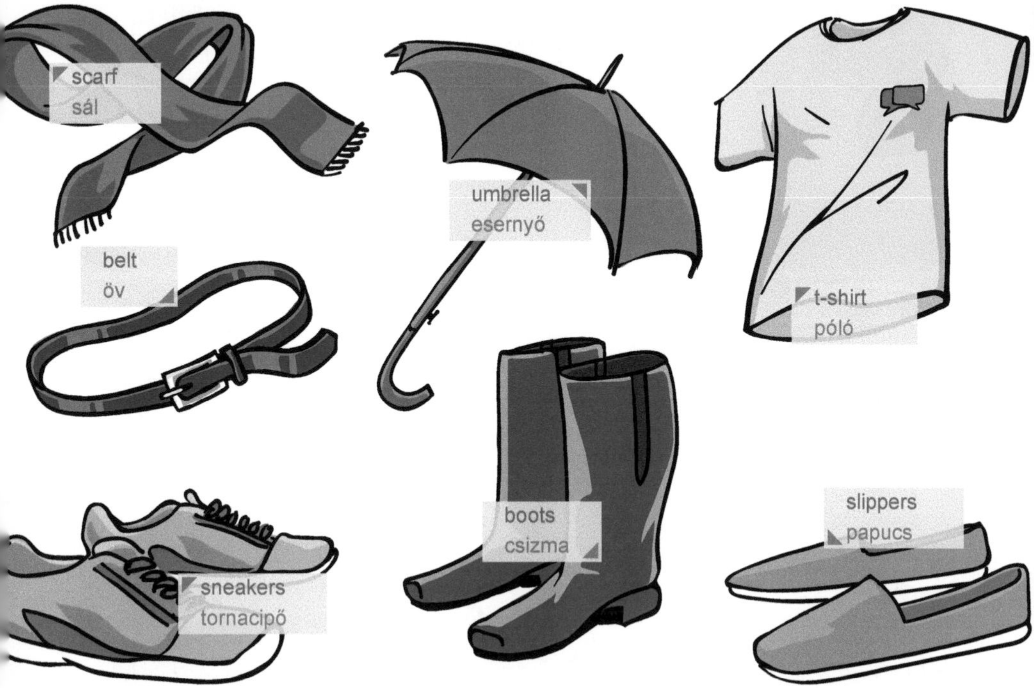

scarf
sál

umbrella
esernyő

t-shirt
póló

belt
öv

boots
csizma

slippers
papucs

sneakers
tornacipő

sandals

shoes

rubber boots

szandál

cipő

gumicsizma

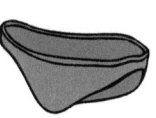

underwear

bra

undershirt

alsónadrág

melltartó

mellény

body

body

pants

nadrág

jeans

farmer

skirt

szoknya

blouse

blúz

shirt

ing

pullover

pulóver

sweater

kapucnis pulóver

blazer

blézer

jacket

dzseki

coat

kabát

raincoat

esőkabát

costume

kosztüm

dress

ruha

wedding dress

esküvői ruha

suit

öltöny

nightgown

hálóing

pajamas

pizsama

sari

szári

headscarf

fejkendő

turban

turbán

burka

burka

kaftan

kaftán

abaya

abaya

swimsuit

fürdőruha

trunks

fürdőnadrág

shorts

rövidnadrág

tracksuit

tréningruha

apron

kötény

gloves

kesztyű

button

gomb

glasses

szemüveg

bracelet

karkötő

necklace

nyaklánc

ring

gyűrű

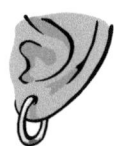

earring

fülbevaló

cap

sapka

coat hanger

vállfa

hat

kalap

tie

nyakkendő

zip

cipzár

helmet

bukósisak

braces

nadrágtartó

school uniform

iskolai egyenruha

uniform

egyenruha

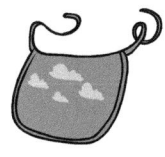

bib

előke

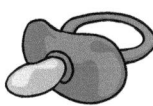

pacifier

cumi

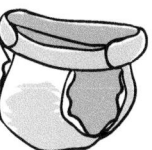

diaper

pelenka

office

iroda

server
szerver
filing cabinet
irattartó szekrény
printer
nyomtató
paper
papír
monitor
képernyő
desk
íróasztal
mouse
egér
folder
mappa
keyboard
billentyűzet
waste-paper basket
papír-hulladék gyűjtő
computer
számítógép
chair
szék

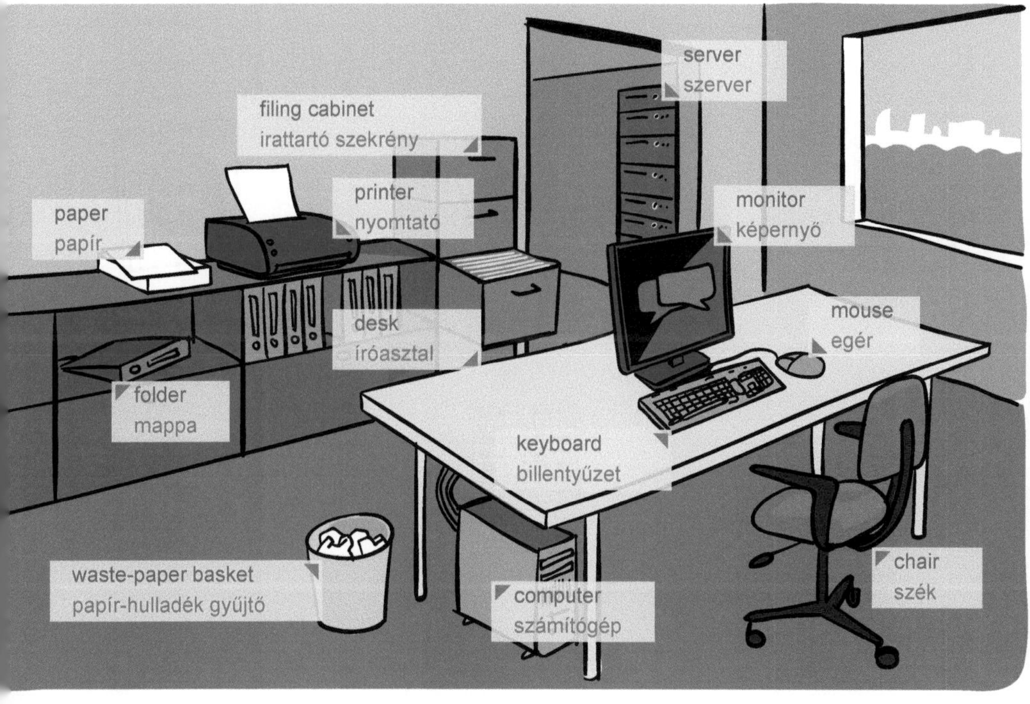

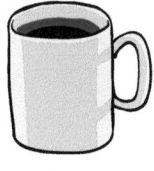

coffee mug

kávéscsésze

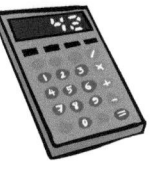

calculator

számológép

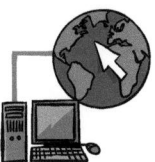

internet

internet

laptop

laptop

letter

levél

message

üzenet

cell phone

mobiltelefon

network

hálózat

photocopier

fénymásoló

software

szoftver

telephone

telefon

plug socket

konnektor

fax machine

faxgép

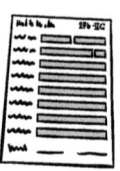

form

formanyomtatvány

document

dokumentum

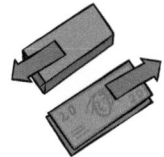
buy
venni

pay
fizetni

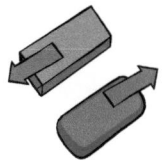
trade
kereskedni

money
pénz

USD
dollar
dollár

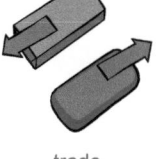
EUR
euro
euró

JPY
yen
jen

RUB
rouble
rubel

CHF
Swiss franc
svájci frank

CNY
renminbi yuan
kínai jüan

INR
rupee
rúpia

cash point
bankautomata

currency exchange office

valutaváltó iroda

gold

arany

silver

ezüst

oil

olaj

energy

energia

price

ár

contract

szerződés

tax

adó

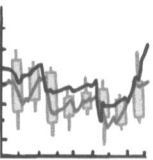

stock

részvény

work

dolgozni

employee

munkavállaló

employer

munkaadó

factory

gyár

shop

üzlet

economy - gazdaság

occupations
foglalkozások

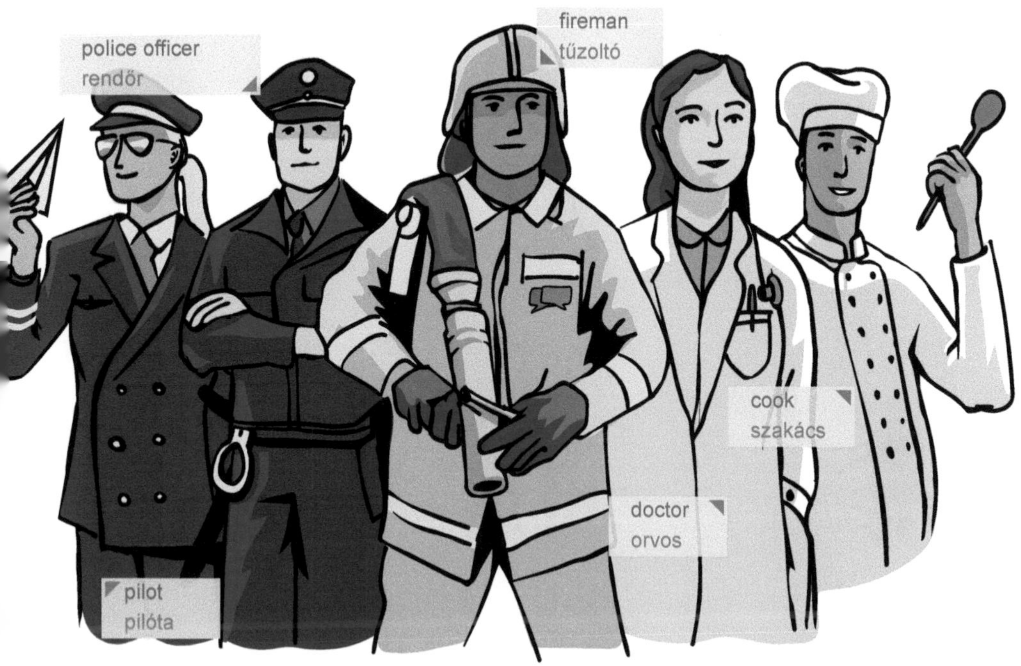
police officer
rendőr
fireman
tűzoltó
cook
szakács
doctor
orvos
pilot
pilóta

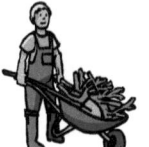

gardener

kertész

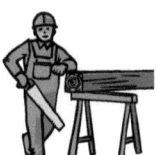

carpenter

kárpitos

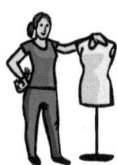

seamstress

varrónő

judge

bíró

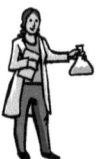

chemist

vegyész

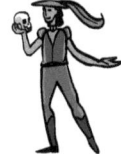

actor

színész

bus driver

buszsofőr

taxi driver

taxisofőr

fisherman

halász

cleaning lady

bejárónő

roofer

tetőfedő

waiter

pincér

hunter

vadász

painter

festő

baker

pék

electrician

villanyszerelő

builder

építőmunkás

engineer

mérnök

butcher

hentes

plumber

vízvezeték-szerelő

postman

postás

soldier

katona

architect

építész

cashier

eladó

florist

virágos

hairdresser

fodrász

conductor

kalauz

mechanic

műszerész

captain

kapitány

dentist

fogorvos

scientist

tudós

rabbi

rabbi

imam

imám

monk

szerzetes

pastor

lelkész

tools
szerszámok

hammer
kalapács
pliers
fogó
screwdriver
csavarhúzó
15
wrench
csavarkulcs
torch
elemlámpa

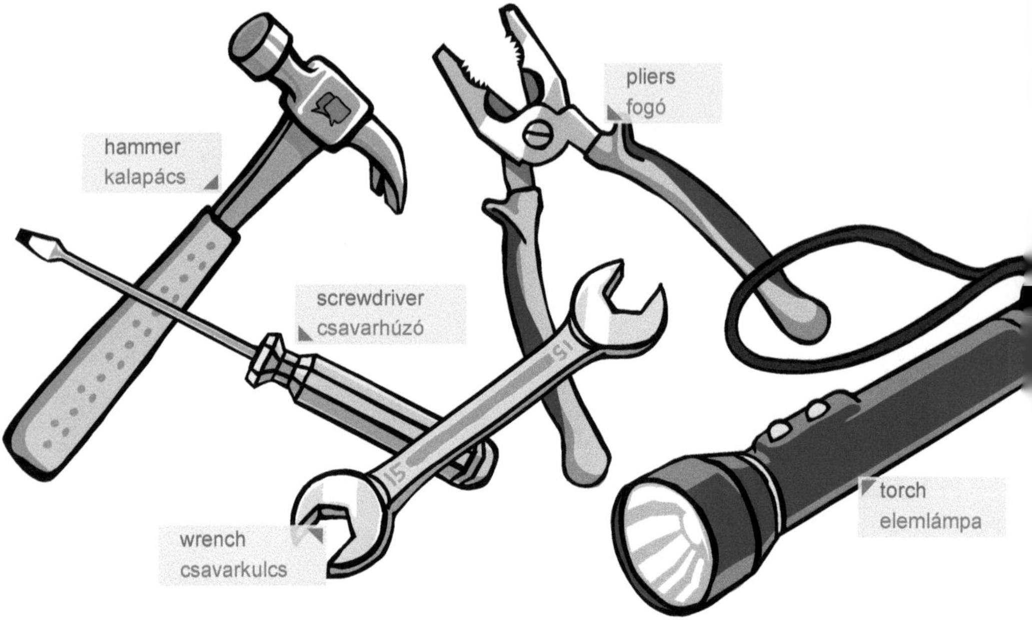

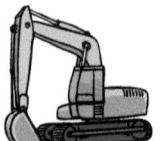

excavator

markológép

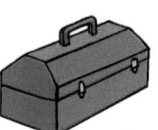

toolbox

szerszámosláda

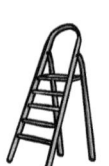

ladder

vödör

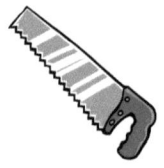

saw

fűrész

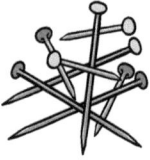

nails

szög

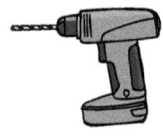

drill

fúrógép

repair

megjavítani

shovel

lapát

Damn!

A francba!

dustpan

szemétlapát

paint can

festékesdoboz

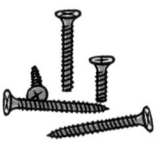

screws

csavar

musical instruments
hangszerek

loud speaker
hangszóró

drum set
dobfelszerelés

guitar
gitár

double bass
nagybőgő

trumpet
trombita

piano

zongora

violin

hegedű

bass

basszusgitár

timpani

üstdob

drums

dobok

keyboard

digitális zongora

saxophone

szaxofon

flute

fuvola

microphone

mikrofon

ZOO
állatkert

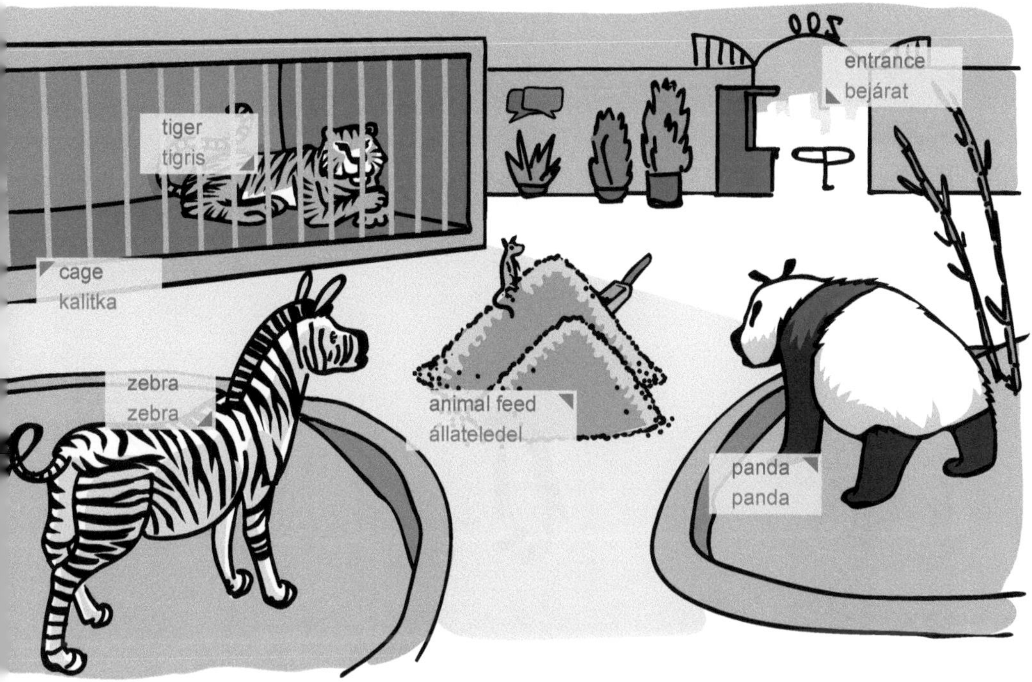

entrance
bejárat
tiger
tigris
cage
kalitka
zebra
zebra
animal feed
állateledel
panda
panda

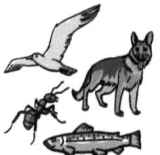

animals

állatok

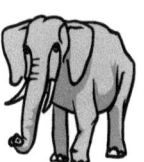

elephant

elefánt

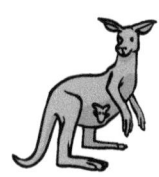

kangaroo

kenguru

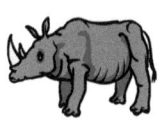

rhino

orrszarvú

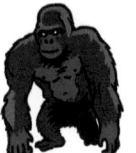

gorilla

gorilla

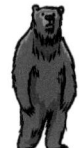

bear

medve

camel

teve

ostrich

strucc

lion

oroszlán

monkey

majom

flamingo

flamingó

parrot

papagáj

polar bear

jegesmedve

penguin

pingvin

shark

cápa

peacock

páva

snake

kígyó

crocodile

krokodil

zookeeper

állatgondozó

seal

fóka

jaguar

jaguár

pony

póniló

leopard

leopárd

hippo

víziló

giraffe

zsiráf

eagle

sas

boar

vaddisznó

fish

hal

turtle

teknős

walrus

rozmár

fox

róka

gazelle

gazella

American football
amerikai futball

cycling
kerékpározás

tennis
tenisz

basketball
kosárlabda

swimming
úszás

boxing
boksz

ice hockey
jégkorong

soccer
futball

badminton
tollas

athletics
atlétika

handball
kézilabda

skiing
síelés

polo
lovaspóló

jump
ugrani

laugh
nevetni

hug
ölelni

walk
sétálni

sing
énekelni

dream
álmodni

pray
dicsérni

kiss
csókolni

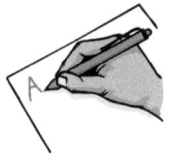

write

írni

draw

rajzolni

show

mutatni

push

tolni

give

adni

take

vinni

have

birtokolni

do

csinálni

be

lenni

stand

állni

run

futni

pull

húzni

throw

hajít

fall

esni

lie

hazudni

wait

várni

carry

vinni

sit

ülni

get dressed

felvenni

sleep

aludni

wake up

felébredni

look at

ránézni

cry

sírni

stroke

simogat

comb

fésülni

talk

beszélni

understand

megérteni

ask

kérdezni

listen

hallgatni

drink

inni

eat

enni

tidy up

takarítani

love

szeretni

cook

főzni

drive

vezetni

fly

szállni

sail

vitorlázni

calculate

számol

read

olvasni

learn

tanulni

work

dolgozni

marry

házasodni

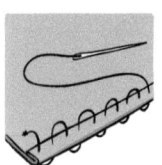

sew

varrni

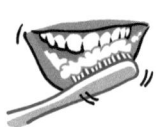

brush teeth

fogat mosni

kill

ölni

smoke

dohányozni

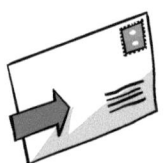

send

küldeni

grandmother
nagymama

grandfather
nagypapa

father
apa

mother
anya

baby
kisbaba

daughter
lány

son
fiú

guest

vendég

aunt

nagynéni

uncle

nagybácsi

brother

fiútestvér

sister

lánytestvér

body

test

forehead
homlok
eye
szem
shoulder
váll
finger
ujj
face
arc
chin
áll
hand
kéz
breast
mell
leg
láb
arm
kar

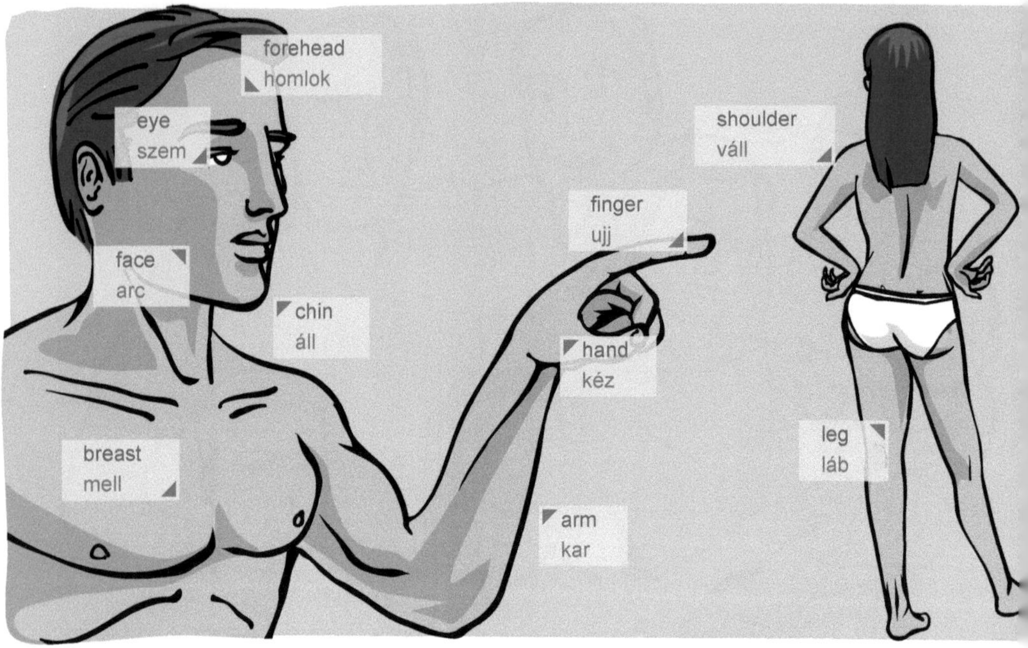

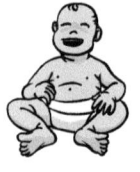

baby

kisbaba

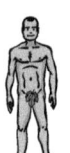

man

ember

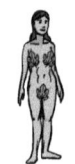

woman

nő

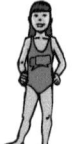

girl

lány

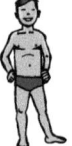

boy

fiú

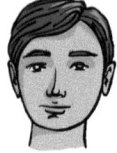

head

fej

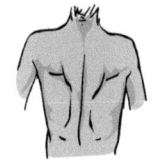

back

hát

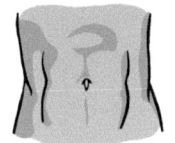

belly

has

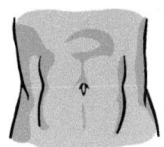

navel

köldök

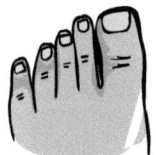

toe

lábujj

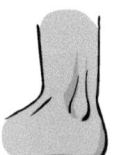

heel

sarok

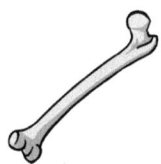

bone

csont

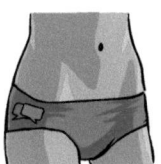

hip

csípő

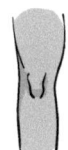

knee

térd

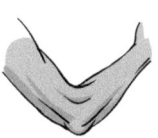

elbow

könyök

nose

orr

buttocks

fenék

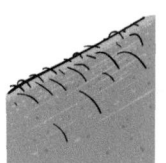

skin

bőr

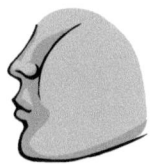

cheek

orca

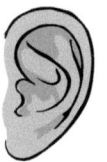

ear

fül

lip

ajak

mouth

száj

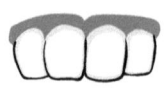

tooth

fog

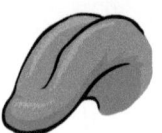

tongue

nyelv

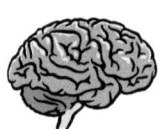

brain

agy

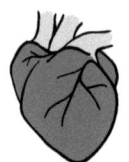

heart

szív

muscle

izom

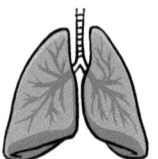

lung

tüdő

liver

máj

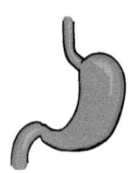

stomach

gyomor

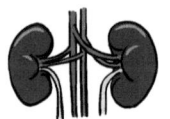

kidneys

vese

sex

szex

condom

kondom

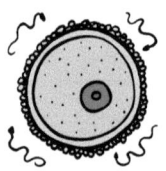

ovum

petesejt

semen

sperma

pregnancy

terhesség

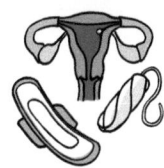

menstruation

menstruáció

vagina

vagina

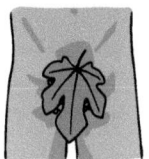

penis

pénisz

eyebrow

szemöldök

hair

haj

neck

nyak

hospital
kórház

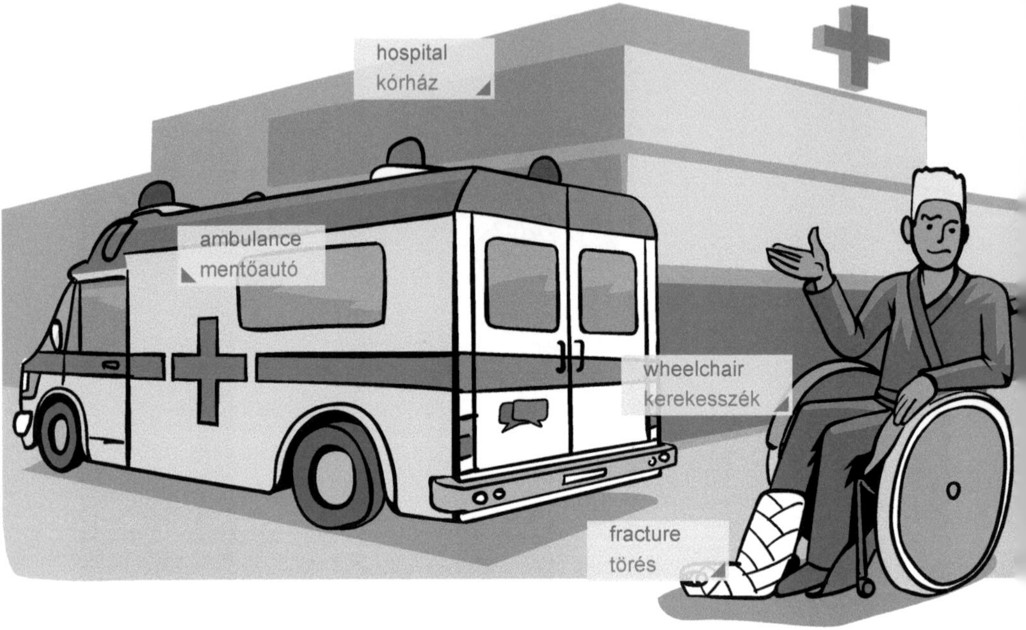

hospital
kórház
ambulance
mentőautó
wheelchair
kerekesszék
fracture
törés

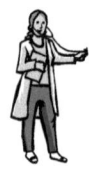

doctor

orvos

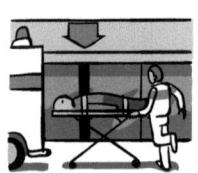

emergency room

sürgősségi osztály

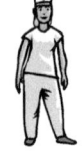

nurse

ápoló

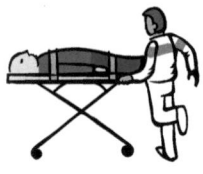

emergency

vészhelyzet

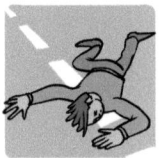

unconscious

eszméletlen

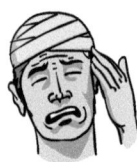

pain

fájdalom

injury

sérülés

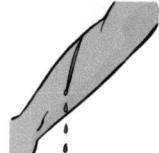

bleeding

vérzés

heart attack

szívroham

stroke

szélütés

allergy

allergia

cough

köhögés

fever

láz

flu

influenza

diarrhea

hasmenés

headache

fejfájás

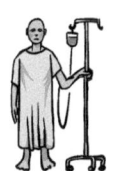

cancer

rák

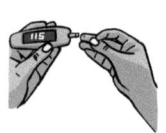

diabetes

cukorbetegség

surgeon

sebész

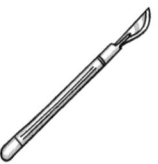

scalpel

szike

operation

műtét

CT

CT

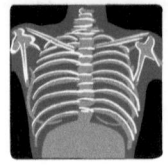

x-ray

röntgen

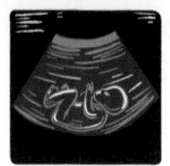

ultrasound

ultrahang

face mask

arcmaszk

disease

betegség

waiting room

váróterem

crutch

mankó

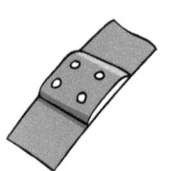

plaster

sebtapasz

bandage

kötszer

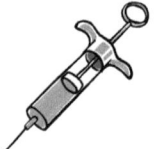

injection

injekció

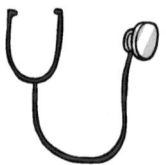

stethoscope

sztetoszkóp

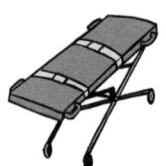

stretcher

hordágy

clinical thermometer

klinikai hőmérő

birth

születés

overweight

túlsúly

hospital - kórház

hearing aid

hallókészülék

disinfectant

fertőtlenítőszer

infection

fertőzés

virus

vírus

HIV / AIDS

HIV/AIDS

medicine

orvosság

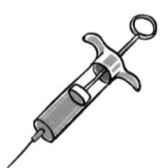

vaccination

oltás

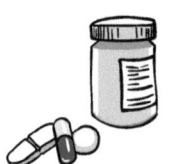

tablets

tabletták

pill

tabletta

emergency call

sürgősségi hívás

blood pressure monitor

vérnyomásmérő

ill / healthy

betegség / egészség

Help!

Segítség!

alarm

riasztás

assault

rajtaütés

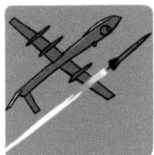

attack

támadás

danger

veszély

emergency exit

vészkijárat

Fire!

tűz!

fire extinguisher

tűzoltókészülék

accident

baleset

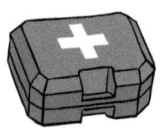

first-aid kit

elsősegélycsomag

SOS

SOS

police

rendőrség

Europe

Európa

North America

Észak-Amerika

South America

Dél-Amerika

Africa

Afrika

Asia

Ázsia

Australia

Ausztrália

Atlantic

Atlanti-óceán

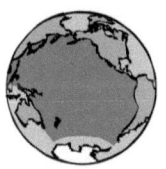

Pacific

Csendes-óceán

Indian Ocean

Indiai-óceán

Antarctic Ocean

Déli-óceán

Arctic Ocean

Jeges-tenger

North pole

Északi-sark

South pole

Déli-sark

Antarctica

Antarktisz

earth

föld

land

szárazföld

sea

tenger

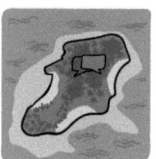

island

sziget

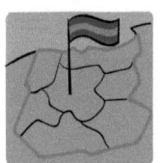

nation

nemzet

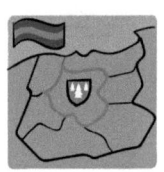

state

állam

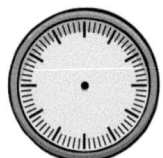

clock face

számlap

hour hand

kismutató

minute hand

nagymutató

second hand

másodpercmutató

What time is it?

Mennyi az idő?

day

nap

time

idő

now

most

digital watch

digitális óra

minute

perc

hour

óra

clock - óra

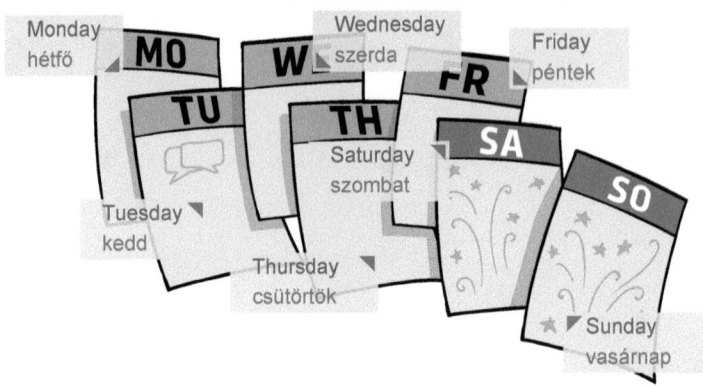

Monday — hétfő
Wednesday — szerda
Friday — péntek
Saturday — szombat
Tuesday — kedd
Thursday — csütörtök
Sunday — vasárnap

yesterday

tegnap

today

ma

tomorrow

holnap

morning

reggel

noon

dél

evening

este

MO	TU	WE	TH	FR	SA	SU
1	2	3	4	5	6	7
8	9	10	11	12	13	14
15	16	17	18	19	20	21
22	23	24	25	26	27	28
29	30	31	1	2	3	4

workdays

hétköznap

MO	TU	WE	TH	FR	SA	SU
1	2	3	4	5	6	7
8	9	10	11	12	13	14
15	16	17	18	19	20	21
22	23	24	25	26	27	28
29	30	31	1	2	3	4

weekend

hétvége

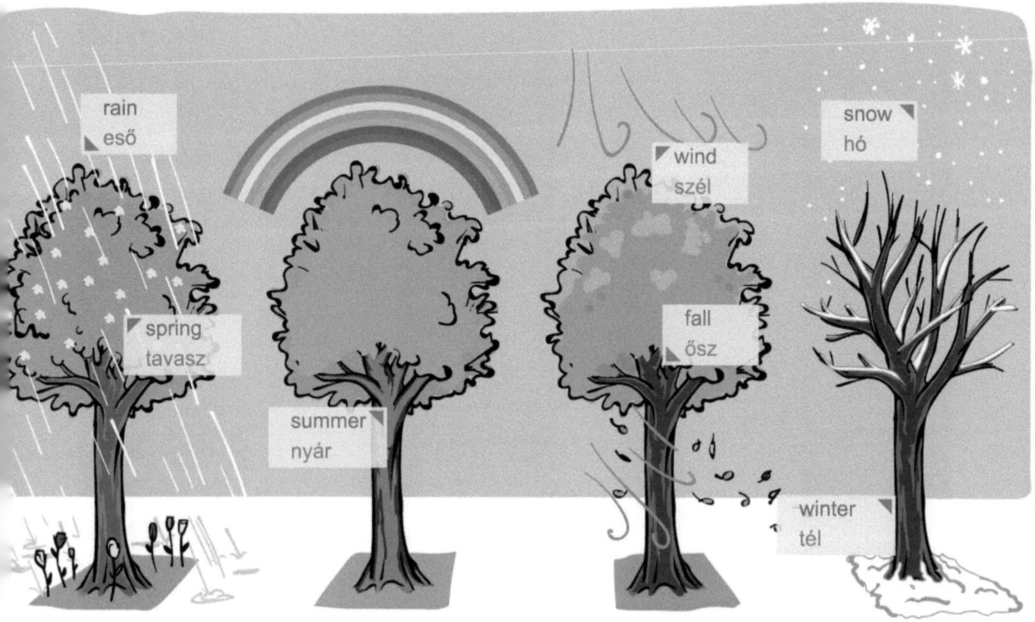

rain
eső

spring
tavasz

summer
nyár

snow
hó

wind
szél

fall
ősz

winter
tél

4.APRIL	11°	☀
5.APRIL	4°	🌧
6.APRIL	13°	🌧
7.APRIL	8°	☀
8.APRIL	10°	☀

weather forecast

időjárás előrejelzés

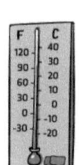

thermometer

hőmérő

sunshine

napsütés

cloud

felhő

fog

köd

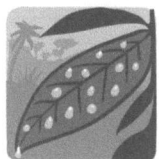

humidity

páratartalom

lightning

villámlás

thunder

mennydörgés

storm

vihar

hail

jégeső

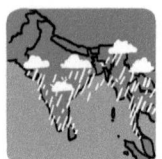

monsoon

monszun

flood

áradás

ice

jég

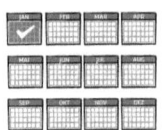

January

január

February

február

March

március

April

április

May

május

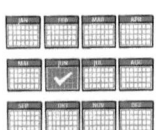

June

június

July

július

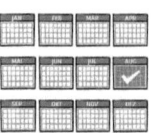

August

augusztus

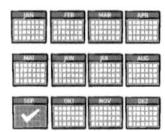

September

szeptember

October

október

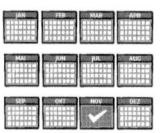

November

november

December

december

circle

kör

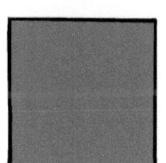

square

négyzet

rectangle

téglalap

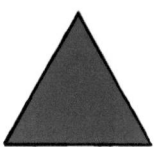

triangle

háromszög

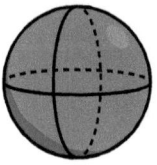

sphere

gömb

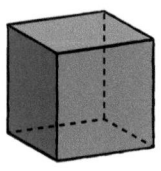

cube

kocka

white

fehér

yellow

sárga

orange

narancs

pink

rózsaszín

red

piros

purple

lila

blue

kék

green

zöld

brown

barna

gray

szürke

black

fekete

a lot / a little

sok / kevés

angry / calm

mérges / nyugodt

beautiful / ugly

szép / csúnya

beginning / end

kezdet / vég

big / small

nagy / kicsi

bright / dark

világos / sötét

brother / sister

fivér / nővér

clean / dirty

tiszta / koszos

complete / incomplete

teljes / nem teljes

day / night

nappal / éjszaka

dead / alive

halott / élő

wide / narrow

széles / keskeny

edible / inedible

ehető / nem ehető

evil / kind

gonosz / kedves

excited / bored

izgatott / unott

fat / thin

kövér / vékony

first / last

első / utolsó

friend / enemy

barát / ellenség

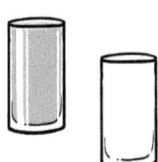

full / empty

teli / üres

hard / soft

kemény / puha

heavy / light

nehéz / könnyű

hunger / thirst

éhség / szomjúság

ill / healthy

betegség / egészség

illegal / legal

illegális / legális

intelligent / stupid

intelligens / buta

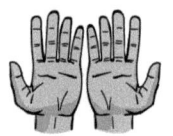

left / right

bal / jobb

near / far

közel / távol

new / used
új / használt

nothing / something
semmi / valami

old / young
idős / fiatal

on / off
be / ki

open / closed
nyitva / zárva

quiet / loud
csendes / hangos

rich / poor
gazdag / szegény

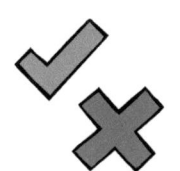

right / wrong
helyes / helytelen

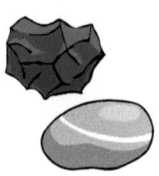

rough / smooth
érdes / sima

sad / happy
szomorú / vidám

short / long
rövid / hosszú

slow / fast
lassú / gyors

wet / dry
nedves / száraz

warm / cool
meleg / hideg

war / peace
háború / béke

numbers

számok

0	**1**	**2**
zero	one	two
nulla	egy	kettő

3	**4**	**5**
three	four	five
három	négy	öt

6	**7**	**8**
six	seven	eight
hat	hét	nyolc

9	**10**	**11**
nine	ten	eleven
kilenc	tíz	tizenegy

12	13	14
twelve	thirteen	fourteen
tizenkettő	tizenhárom	tizennégy

15	16	17
fifteen	sixteen	seventeen
tizenöt	tizenhat	tizenhét

18	19	20
eighteen	nineteen	twenty
tizennyolc	tizenkilenc	húsz

100	1.000	1.000.000
hundred	thousand	million
száz	ezer	millió

English

angol

American English

amerikai angol

Chinese Mandarin

mandarin kínai

Hindi

hindi

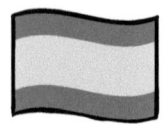

Spanish

spanyol

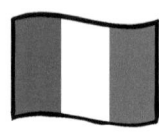

French

francia

Arabic

arab

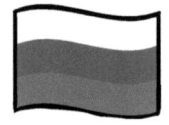

Russian

orosz

Portuguese

portugál

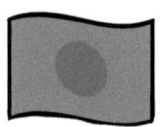

Bengali

bengáli

German

német

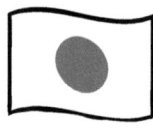

Japanese

japán

I
én

you
te

he / she / it
ő

we
mi

you
ti

they
ők

who?
ki?

what?
mi?

how?
hogyan?

where?
hol?

when?
mikor?

name
név

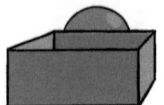

behind

mögött

in

benne

in front of

elötte

over

felette

on

rajta

under

alatta

beside

mellett

between

között

place

hely